Das ist der Daumen,
der schüttelt die Pflaumen,
der liest sie auf,
der trägt sie heim
und der isst sie alle, alle allein.

Fünf Männlein sind in den Wald gegangen,
die wollten den Osterhasen fangen.
Der Erste war so dick wie ein Fass
und brummte immer: „Wo ist der Has?"
Der Zweite rief: „Da ist er ja!"
Der Dritte war der lange, und dem war gar bange,
er fing an zu weinen: „Ich sehe hier keinen."
Der Vierte sprach: „Das ist mir zu dumm, ich kehr wieder um!"
Der Kleinste aber, wer hätt's gedacht,
der hat den Hasen nach Hause gebracht.
Da haben alle, alle gelacht.

Die Finger einzeln antippen,
zum Schluss das Kind kitzeln.

Linke Hand, das ist der Stall,
Finger sind die Tiere all.
Dieses dicke Däumchen mein
ist ein kleines fettes Schwein.
Zeigefinger ist ein Pferd,
ist dem Reiter sehr viel wert.
Mittelfinger ist die Kuh,
hat zwei Hörner und ruft: „Muh!"
Und dann kommt der Ziegenbock
mit dem langen Zottelrock.
Hier das kleine Fingerlein
soll mein kleines Schäfchen sein.
Tierchen laufen im Galopp,
immer schneller, hopp, hopp,
hopp, über Stock und über Stein,
alle in den Stall hineina,
denn es wird bald finster sein.

*Mit den Fingern der rechten Hand wackeln.
Dann laufen die Finger in die hohle linke Hand.*

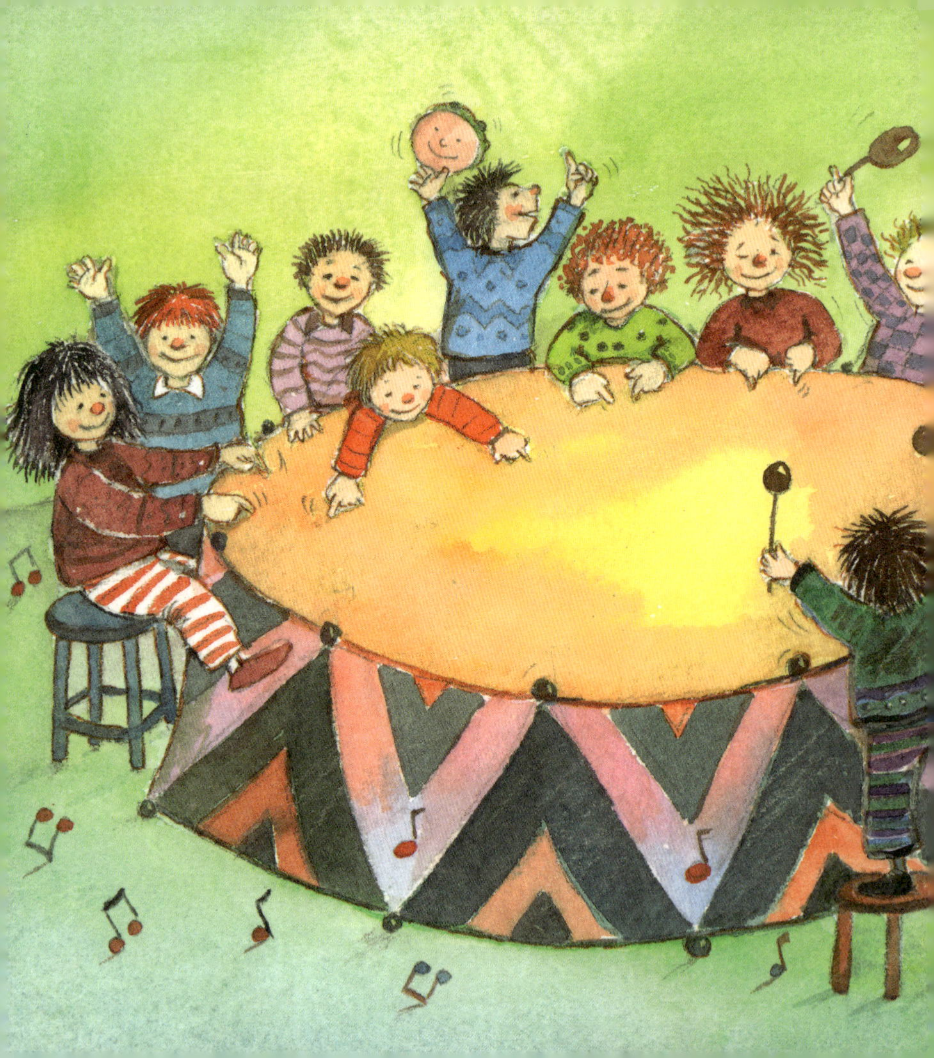

Wir spielen, wir spielen und fangen lustig an.
Und wenn das Däumchen nicht mehr kann,
dann fängt sogleich der Zeigefinger an,
wir spielen, wir spielen und fangen lustig an.
Und wenn der Zeigefinger nicht mehr kann,
dann fängt sogleich der Mittelfinger an.
Wir spielen ... der Ringfinger an.
Wir spielen ... der kleine Finger an.
Wir spielen ... das Händchen an.
Wir spielen ... das Fäustchen an.
Wir spielen, wir spielen und hören lustig auf!

*Mit den jeweiligen Fingern, Händen,
Fäusten auf die Tischkante klopfen.*

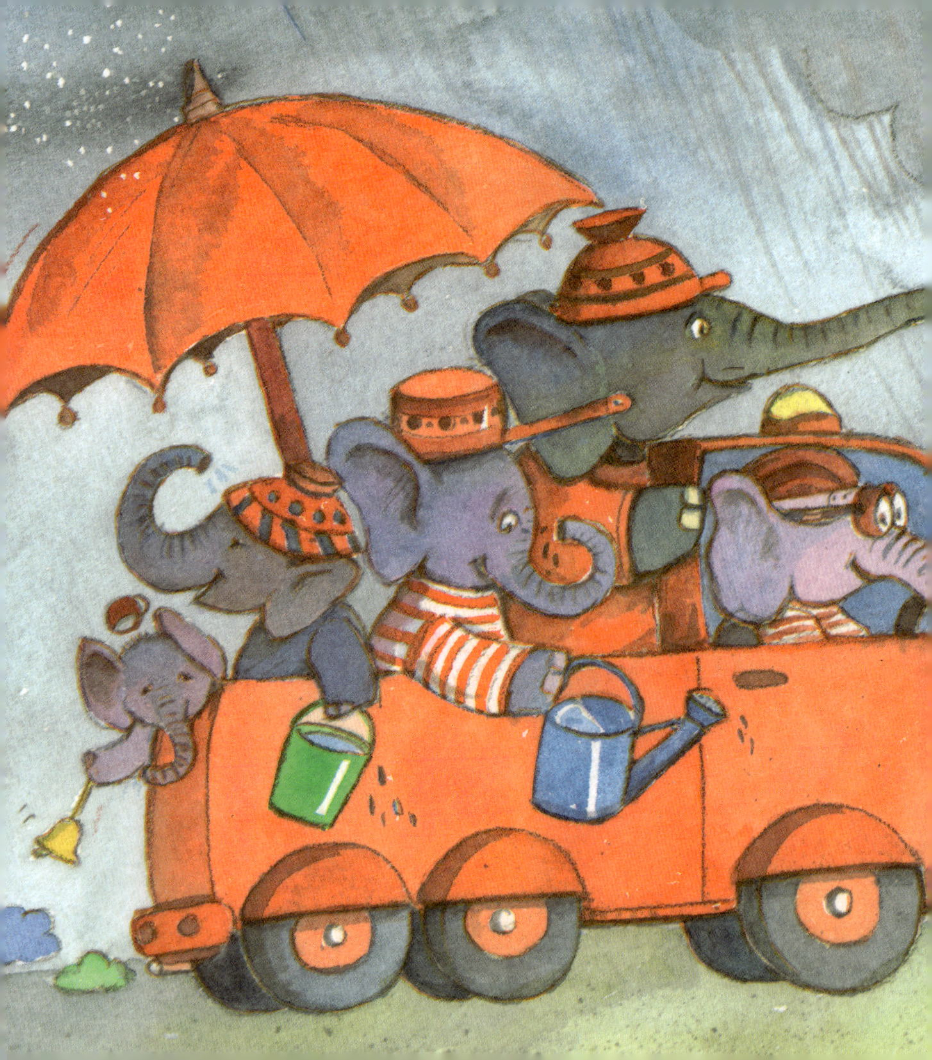

Es schneit, es schneit,
es tröpfelt, es tröpfelt,
es regnet, es regnet,
es hagelt, es hagelt,
es blitzt, es donnert!
Klingelingeling,
die Feuerwehr kommt.

*Erst sachte, dann heftiger auf den Tisch trommeln.
Bei „blitzt" klatschen, bei „donnert" auf den Tisch
schlagen und mit zwei Fingern über den Tisch laufen.*

Es war einmal ein Häschen,
mit solchem stumpfen Näschen.
Die Ohren waren soooo lang,
das Schwänzchen war soooo klein
und dunkelbraune Äugelein.
Und als es einmal Sonntag war
und Häschen hatte Geburtstag gar,
da kam der Onkel Muckelchen
mit solchem krummen Buckelchen.
Und hernieder von der Höh
kam die gute Tante Reh.
Alle Tiere, groß und klein,
wollten sich mit Häschen freun:
Häschen hat Geburtstag, tralalalala.
Häschen hat Geburtstag,
tralalalala.

Zeilen theatralisch demonstrieren: Über die Nase streicheln, die Ohren lang ziehen usw. Die letzten beiden Zeilen klatschen und singen.

Hier hast du einen Taler,
geh auf den Markt,
kauf dir 'ne Kuh
und ein Kälbchen dazu.
Kälbchen hat ein Schwänzchen,
dideldideldideldänzchen.

*Bei jeder Zeile sacht
über die Handfläche streicheln,
zum Schluss kitzeln.*

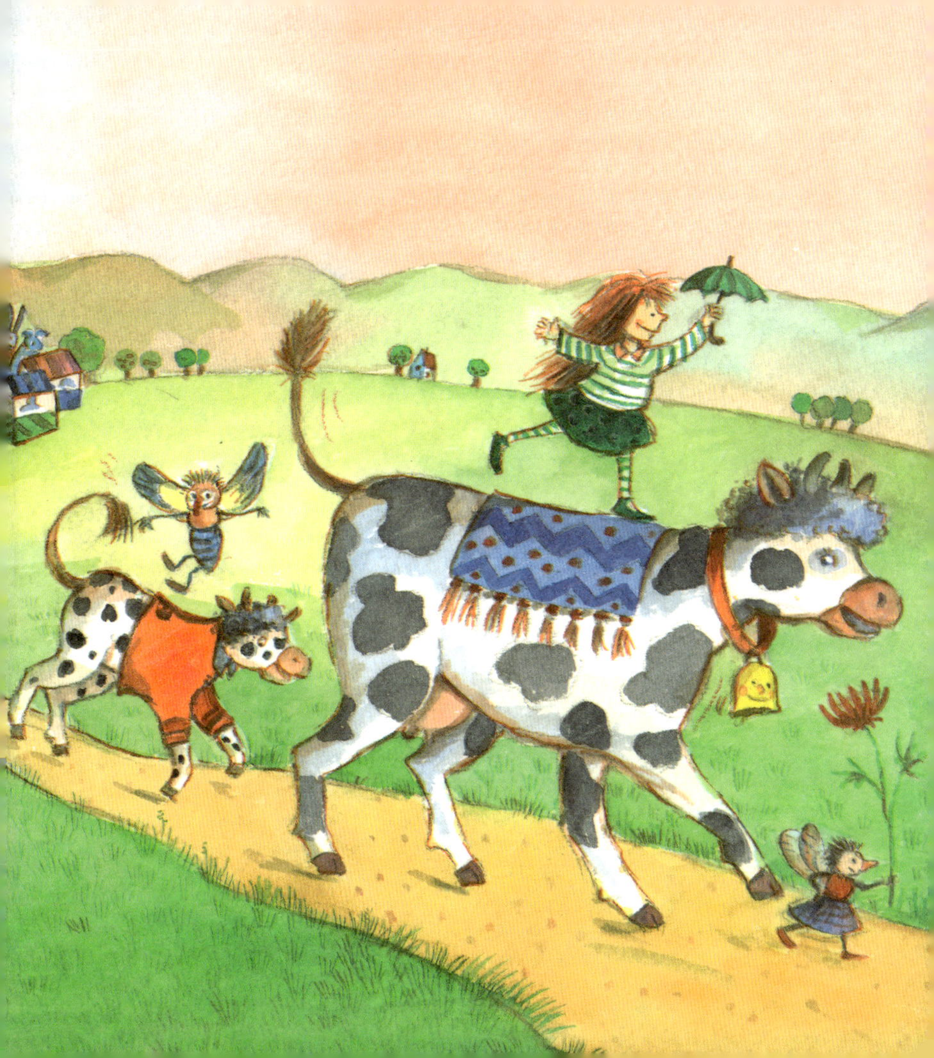

Baby Pixi

Das ist der Daumen

„Das ist der Daumen, der schüttelt die Pflaumen, der liest sie auf ..." – und dann? Wer einen kleinen, zappelnden Zwerg beruhigen will, sollte besser auch die Fortsetzung kennen. Petra Probst hat die beliebtesten Fingerspiele gesammelt und lustig illustriert.

Als Baby-Pixi-Bilderbuch gibt es außerdem:

- Meine Fahrzeuge
- Himpelchen und Pimpelchen
- Kennst du die Farben?
- Mein Bauernhof

CARLSEN
www.carlsen.de

ISBN 978-3-551-05105-9
€ 2,99 [D]
€ 3,10 [A]

2 3 4   15 14 13
© 2012 Carlsen Verlag GmbH, PF 50 03 80, 22703 Hamburg

Unkaputtbar®
Neues Material für Kinderbücher · Von unabhängigen, akkreditierten Prüflabors getestet und freigegeben · ab 9 Monate

wasserfest · reißfest · schadstofffrei